LYRIK auf Abwegen,…

Für alle, die mir neue Wege
gezeigt, mich inspiriert
und unterstützt haben.

Florian Greuling

LYRIK auf Abwegen,…

…die Reise geht weiter.

Stadt, Land, Fluss und
Meer/mehr

Bibliografische Information der Deutschen Nationalbibliothek:
Die Deutsche Nationalbibliothek verzeichnet diese Publikation in der Deutschen
Nationalbibliografie; detaillierte bibliografische Daten sind im Internet
über http://dnb.d-nb.de abrufbar.

© 2014 Florian Greuling www.atcody.com
© Titelbild Florian Greuling
Layout und Gestaltung Florian Greuling

Herstellung und Verlag BoD - Books on Demand, Norderstedt

ISBN: 978-3-7357-2194-5

VORWORT

Liebe Leserin und lieber Leser, liebe Weggefährten,

während ich diese Worte für Sie schreibe, sitze ich auf einer Parkbank, am Rundweg um die Veste Coburg, dem Wahrzeichen meiner Heimatstadt.

Hinter mir die alten, dicken Steinmauern, die wuchtig aufragen und vor mir, der freie Blick über die Dächer der Stadt, die grünen Wiesen und Felder dahinter und die teils bewaldeten Hügel in der Ferne. Ich könnte mir keinen besseren Ort vorstellen, um die richtigen Worte für diese Einleitung zu finden.

Ich freue mich, dass Sie mir erneut das Vertrauen schenken. Sie haben sich entschlossen, mich wieder auf einer meiner Wanderungen durch das Leben, den Alltag, aber auch durch Träume und Phantasien zu begleiten. Ich kann Ihnen jetzt schon versprechen, dass es uns nicht langweilig werden wird.

Im ersten Teil von „Lyrik auf Abwegen..." waren wir auf verschlungenen Pfaden unterwegs, die uns teilweise viel Kraft und Anstrengung gekostet haben. Erinnern Sie sich noch? Der Tag hatte mit einem blauen Himmel begonnen und hat uns letztendlich ins drohende, dunkle Unheil geführt. Dennoch haben wir gemeinsam unser Ziel erreicht und konnten am Ende auf eine starke Leistung zurückblicken. Auf dem Weg, den wir diesmal beschreiten, werden die Übergänge subtiler sein. „Hell" und „Dunkel" werden aufblitzen, manchmal vielleicht gerade dann, wenn man es nicht erwartet. Es wird ein „Auf" und „Ab" sein, eine Schattierung der Welt mit fließenden Übergängen.

Der Untertitel dieses Buches und das Motto unserer Wanderung lautet „Stadt, Land, Fluss und Meer/mehr."

Wann haben Sie dieses Spiel zum letzten Mal gespielt? Wie wir alle wissen, besteht die Aufgabe darin, zu bestimmten Buchstaben und Themen die passenden Worte zu finden. Wenn man es genau nimmt, mache ich nichts anderes, wenn ich schreibe. Allerdings gibt es einen kleinen Unterschied. Mein Lohn, sind keine Punkte und ich habe auch nicht vor, Sie oder andere zu besiegen. Mein Ziel sind Ihre Emotionen, Ihre Reaktionen, wenn ich es schaffe, Sie zum Nachdenken zu bringen. Wenn es mir gelingt, Sie für einen Moment aus Ihrem Alltag zu holen, Sie träumen zu lassen, oder einfach etwas abzulenken, dann habe ich erreicht, was ich erreichen wollte und wir haben alle gewonnen.

Wir beginnen unsere Wanderung dieses Mal mitten in der Stadt. Wir werden unsere Blicke schweifen lassen. Wir sehen uns die Menschen an, die uns begegnen, werden in Gassen und Hinterhöfe blicken und das Treiben um uns herum beobachten. Wieviel von uns, steckt in den Anderen? Wollen wir es überhaupt so genau wissen? Sind wir besser oder schlechter als jemand, oder haben auch wir Geheimnisse, die in uns ruhen? Diese Fragen muss natürlich jeder für sich beantworten, aber denken Sie darüber nach. Welche Schicksale stecken hinter manchen Personen, die wir am Straßenrand erblicken? (Falls wir sie wahrnehmen.) Wie ergeht es einem Bettler, der am Wegesrand sitzt und wie ist er in diese Situation gekommen? Kann ein Straßenfeger glücklich sein, mit dem was er tut? Kann er ein erfülltes Leben haben? Allzu oft, verbinden wir materielle Dinge und Erfolg mit Glück und Erfüllung. Aber das wahre Glück und die wahre Erfüllung fängt „IN UNS" an. Sie muss gedeihen und reifen, bis wir Sie nach Außen tragen können. Doch davon erst einmal genug. Wir werden den Punkt erreichen, an dem wir die Stadt mit ihren Licht- und Schattenseiten verlassen.

Wir werden hinaus ziehen auf das Land und uns mit der Natur und sehr erdverbundenen Dingen beschäftigen. Weltliche Dinge, Erde, Feuer, den Tieren und natürlich auch mit uns Menschen. Wir folgen dem Weg über die Hügel und durch Täler, bis wir schließlich an das Ufer eines Flusses gelangen werden. Das strömende Wasser wird unser Sinnbild sein. Alles befindet sich im Fluss - Wasser, das Blut, die Gedanken und auch die Zeit. Die Welt, in der wir leben, verändert sich und die Geschwindigkeit, in der sie das tut, macht einem manchmal Angst.

Nehmen Sie sich die Zeit und verweilen Sie, wo immer es Ihnen beliebt. Wir haben es nicht eilig. Der Fluss wird uns schließlich mit sich tragen - zum Meer. In dieser endlosen Weite ist uns dann alles erlaubt. Hier angekommen, werden wir allem anderen begegnen, was es zu entdecken gibt. Es ist erlaubt, jemand zu sein, der man gar nicht ist. Ein Fabelwesen, ein Mythos, ein Prinz oder auch ein Frosch.

Aber keine Angst, ich lasse Sie nicht alleine treiben. Ich werde immer an Ihrer Seite sein und am Ende, werden wir wieder im sicheren Hafen anlegen.

Es ist an der Zeit, liebe Weggefährten und wir sollten uns aufmachen. Die Stadt, in der wir uns gleich befinden, ist übrigens rein fiktiv, jegliche Ähnlichkeiten mit realen Orten sind aber kein Zufall.

Kommen Sie näher, reichen Sie mir Ihre Hand und schließen Sie für einen kurzen Moment Ihre Augen.

Wir zählen gemeinsam bis „Drei" und dann springen wir hinein, in das Tosen und Lärmen der Stadt.

Eins,

    Zwei,

        Drei…

© Florian Greuling / Dallas Skyline

Kapitel 1

Stadt

Urbandschungel

Atme, atme,
nimm es alles in dich auf.
Öffne deine blinden Augen
und richte deinen Blick hinauf.

Höre, lausche,
all den Lärm der Metropole.
Laufe, lauf schneller,
so lautet unsere Parole.

Hektik, Stress,
sind Treiber einer Menschenherde.
Jeder ist sich fremd und fremder
und immer weiter dreht die Erde.

Durchgedreht, ein wildes Tier,
das endlich vor dem Schlachter steht.
Der Wind in einer großen Stadt
der uns kalt entgegen weht.

Geborgen, verlassen,
in stiller Anonymität.
Wer kennt mich? Wen kenne ich?
Was fehlt ist wahre Pietät.

Sich selber noch am nächsten stehen
und ohne Reue Erster sein.
Bewaffne dich nun gut mein Freund.
Tritt in den Großstadtdschungel ein.

Demo

Menschenmob und laute Schreie,
rhythmisch klingen die Parolen.
Lindwurmgleich in einer Reihe,
wollen sie sich ihre Rechte holen.

Hin und her, die Schiebereien,
dazwischen Schilder aus Lexan.
Man will und kann sich nicht befreien,
und schließlich fängt das Chaos an.

Vom Wasserwerfer harte Strahlen,
Tränengas in rauen Mengen,
Menschen leiden Höllenqualen,
während sie sich zusammen drängen.

Die Demo könnte friedlich sein,
doch es ist vieler Leute Laster,
handeln sie sich erst Wunden ein,
verarzten sie´s mit Kopfsteinpflaster.

***

Wohnblock

5x15 Klingelknöpfe
und noch einer für das Licht.
Anonymität auf Raten,
spuckt dir die Großstadt ins Gesicht.

Die Nachbarn meist nur graue Schatten,
die dann und wann vorüber ziehen.
In Einsamkeit sich selbst begatten,
und schnell in ihre Höhlen fliehen.

5x15 Klingelknöpfe
und noch einer für das Licht.
Wer wohnt unter meinen Füßen?
Mehr als den Namen weiß ich nicht.

Ich steh am Fenster, 10. Stock
und blicke staunend um mich her.
5x15 Wohnhausblöcke
und hinterm Horizont noch mehr.

In manchen Zimmern brennt das Licht.
Viele Leben, so wie meines.
Schon so lange bin ich hier
und dennoch kenn´ ich nicht mal eines.

5x15 Kilometer,
voll von Stress und buntem Treiben,
und doch ist man für sich allein,
hinter Lärmschutzfensterscheiben.

5x15 Klingelknöpfe,
einer davon nur für mich.
5x15 Tage warten,
warten auf 'ne Frau wie dich.

5x15 Klingelknöpfe
und noch einer für das Licht.
Jedes mal gehst du vorüber,
aber klingelst leider nicht.

***

Verkehrt

Eine Kippe, weggeschnippt,
vor ein paar Tagen an der Ecke.
Ein Büschel Haare, blond und lang,
blieben liegen auf der Strecke.

Ein Papier in bunten Farben,
von einem riesen Kinderlutscher.
Ein wenig Stroh, goldig und glänzend,
verloren vom Touristenkutscher.

Ein Splitter glitzert in der Sonne,
die Flasche brach vor vielen Wochen.
Ein Fetzen Fleisch, hinweg geworfen,
weil man vergaß, es gar zu kochen.

Eine Dose poltert laut,
platt gedrückt von vielen Schuhen.
Ein paar kleine Rollsplitt-Steinchen,
die seit dem Winter hier noch ruhen.

Ein Blatt von einem Ahornbaum,
hierher geweht von weit, weit weg.
Staub und Abrieb von den Straßen,
bildet nun ein Häufchen Dreck.

Was kommt woher? Was geht wohin?
Jeden Tag eine Geschichte.
Hin und her, schwing ich mein Werkzeug,
im abendlichen Dämmerlichte.

Ihr achtet kaum auf mich, ihr Leute.
Mitleidig nur, ist euer Blick.
Ihr denkt mein Werk sei langweilig,
oder bedarf nicht viel Geschick.

Dabei denk ich an die Geschichten,
die hinter Kleinigkeiten stecken.
Selbst im Schmutz, den ich bewege,
gibt es so viel zu entdecken.

Ich will euch sagen was ich bin,
ein urbaner Trassenpfleger.
Kehrt ihr vor eurer eignen Tür,
ich bin gerne Straßenfeger.

***

Laubwirbel

Wind in den Häuserschluchten.
Heulen,
nur Heulen,
aber keine Tränen.

Vertrocknete Rinnsteine,
verstaubt und angefüllt mit dem Abrieb des Lebens.
Läden, die früher blühten und bunt waren,
geschlossen, vernagelt, vergangen.
Rauer Putz der einen ritzt,
wenn man ihn im Vorbeigehen streift.
Gesichter ohne Lächeln,
anonym und in sich gekehrt
ziehen sie vorüber
und sind schon wenig später vergessen.
Abgase – ausgespuckt vermischt sich ihr Geruch mit
den Dünsten von schimmligem Müll
und der Kanalisation.
Eine Sackgasse und ganz am Ende - Leben.

Wind in den Häuserschluchten.
Das bunte Laub, von den Bäumen der Allee,
steigt in einem Wirbel um uns auf zum Himmel.
Es tanzt und flüstert dabei,
dass man die Stadt auch lieben kann.

Die Stadt brennt

36 Grad im Schatten!
Weißes Kleid färbt sich in Rot.
Sonnenbrand, ganz ohne Glut.

36 Grad im Schatten!
Was Wasser führte, führt nun Staub.
Teufel tanzen übers Land, im Taumel.

36 Grad im Schatten!
Asphalt wird zum Treibsandmeer.
Wellenmuster, ohne Wasser.

36 Grad im Schatten!
Grünes färbt sich schleichend braun.
Ohne Pinsel oder Farbe.

36 Grad im Schatten!
Die Lungen schwerer als die Luft.
Atemlos trotz Sauerstoff.

36 Grad im Schatten!
Nebelbank aus Wasserdampf.
Rauch, ganz ohne Feuer.

36 Grad im Schatten!
Hitzeflimmern auf den Dächern.
Lautlos brennt die Stadt.

Attraktion „Mensch"

Der Mensch ist eine Attraktion,
bewundert sich und seine Werke
und als ganz feige Reaktion,
mimt selbst der schwache plötzlich Stärke.

Auf einer großen Sitztribüne,
mitten hier, im Herz der Stadt,
zählt keineswegs der Blick ins Grüne,
man sieht sich an den Menschen satt.

Man säuft und frisst, das mein ich so,
denn Fastfood wird hineingeschlungen,
Alarmsirenen irgendwo
und Brandgeruch stürmt unsre Lungen.

Endlich gibt es was zu sehen,
ein kleiner Nippes Laden brennt,
die Menge tobt bereits im Stehen,
und schreit und grölt ganz ungehemmt.

Die Feuerwehr bekämpft die Glut,
vorbei der erste Akt des Stücks,
doch die Menge macht sich Mut,
für einen neuen Teil des Glücks.

Die Nacht bricht an und alles wartet
auf das große Lichterspiel,
Leuchtreklamen, teils entartet,
halten nichts - versprechen viel.

Ein Bildschirm, größer als ein Haus,
zeigt ein Livebild von der Menge.
Sie ziehen blank, holen alles raus
und schlagen leicht über die Strenge.

Doch dann ist Schluss. Aus und vorbei.
Die Sitztribüne wird geräumt,
ein Wasserstrahl spült alles frei,
bis das der Rinnstein überschäumt.

Wir sind gefangen von den Szenen,
die Bilder strömen in uns ein.
Ich muss nicht explizit erwähnen,
man selbst muss mal Times Square sein.

***

Abgerutscht

Hart wie mein Leben ist der Boden,
auf dem ich meinen Tag verbringe.
Hart sind die Herzen jener Menschen,
für die ich meine Lieder singe.

Ich hab kein Heim, hab kein zu Hause.
Ich trag an mir, was ich besitze.
Mein Wohnzimmer ist eure Straße,
auf der ich, vor euch bittend, sitze.

Ich sehe eure flinken Beine,
die fliehend fast vorüber schreiten.
Aus einer Hundeperspektive;
wag nicht, die Hände auszubreiten.

Ein Cent fällt klimpernd auf den Boden,
friss oder stirb scheint er zu sagen.
Ihr trauert und schaut lieber weg,
bevor euch Mitgefühle plagen.

Ich bin meist glücklich müsst ihr wissen,
wenn ich bei Nacht die Sterne sehe.
Noch tiefer fallen kann ich nicht,
weshalb ich eure Angst verstehe.

Wenn ich nach oben klettern würde,
auf eure Stufe, euren Stand.
Keiner würde sich drum scheren,
dass man mich einst am Boden fand.

Doch würdet ihr genauso fallen,
im Sturzflug, einem schnellen, steilen.
Dann sollt ihr wissen, hier und jetzt,
ich würd mein Kissen mit euch teilen.

***

Baufällig

Wenn du denkst, es geht nicht mehr,
dein Leben rostig und zerfallen,
dann ist es Zeit sich zu besinnen,
und wenn du gut bist, zeigst du's allen.

Nimm dein Werkzeug in die Hand,
fang an dein Inneres zu sanieren,
hör auf dein Selbstmitleid zu pflegen,
oder in Träumen zu flanieren.

Schlag ab, das lose Mauerwerk,
und schleife, was du rostig findest.
Tausche alle morschen Balken,
auch wenn du dabei Schmerz empfindest.

Lass los, von all dem alten Müll,
der so lang Stolperstein dir war.
Verbann den Staub aus deinem Leben
und dann siehst du erst wieder klar.

Mit feinem Putz füllst du die Löcher,
ein wenig Farbe an die Wände.
Jeder Pinselstrich bringt Leben,
erschaffen nur durch deine Hände.

© Florian Greuling / Memphis Downtown

Stadthaft

Durch die Stadt führt mich mein Weg,
ein Ziel, das hab ich heute nicht.
Ich möchte sehen, möchte lauschen,
vom Morgenrot zum Dämmerlicht.

An manchen Stellen raste ich
und sauge alles in mich auf.
Speicher es in den Gedanken,
bevor ich schließlich weiterlauf'.

Hastig eilen viele Menschen,
verzehren ihr Frühstück noch im Gehen,
ich stehe ihnen fast im Weg
und doch scheint keiner mich zu sehen.

Durch Gänge, Gassen, breite Straßen,
sie finden ihre Ziele blind.
Doch in den Ecken lauern Zweifel,
was Menschen und was Ratten sind.

Ich gehe ein paar Schritte weiter,
nur um wieder zu verweilen.
Ich sehe immer, immer mehr,
die Worte fügen sich zu Zeilen.

Die Augen vieler Menschen leer,
stumm schreit die Anonymität,
aus den Gesichtern der Passanten,
deren Blick so viel verrät.

Verfolgungswahn, "Komm nicht zu nahe!"
"Ich will für mich alleine sein!"
Das scheint das gute alte Motto,
in jeder großen Stadt zu sein.

Noch einmal geh´ ich ein Stück weiter.
Ich werde mich jetzt einmal setzen.
Was werde ich als nächstes sehen?
Ich hab's nicht eilig, muss nicht hetzen.

Sieh einer an, es gibt noch mehr,
ganz nah und direkt neben mir.
Ein ganz besonders heikler Typ,
von einem Großstadtungetier.

Doch später mehr, lasst mich erklären,
was dieses Tier für Beute macht.
Viele wehren sich nicht einmal,
so manchen hat es umgebracht.

Es gibt die gutmütigen, braven,
ganz neu und noch nicht lange hier,
die jedem sogleich blind vertrauen,
der sogenannte Opferstier.

Sie wollen keinem etwas Böses,
sind eigentlich die graue Maus,
hier warten jede Menge Zecken,
die saugen so was gerne aus.

Ich habe jetzt genug geschrieben
und denke, dass ihr mich versteht.
Natürlich ist nicht alles schlecht,
weil Hoffnung bis zuletzt besteht.

Ich liebe manche großen Städte,
und drehe gerne meine Runden,
lass mich verzaubern von der Stimmung
und hab so manchen Schatz gefunden.

Man darf es nicht pauschalisieren,
es kommt auf jeden Menschen an.
Wenn alle sich ein Stück verändern,
kommt man sich näher und voran.

Zu guter Letzt noch diese Zeilen,
eine Moral aus dem Gedicht:
Manchen kann man blind vertrauen,
andren nicht mal bei Tageslicht.

Spieler

Von allen guten Geistern,
> bist du verlassen,
ein Grund um zu lieben,
> aber zwei um zu hassen.
Traurige Wahrheit
> und erheiternde Lüge,
loslassen - festhalten,
> streicheln und Hiebe.
Ohne echtes Verlangen
> keine wahren Gelüste.
Halb oder ganz?
> Wenn ich's doch nur wüsste.
Neues erleben
> und alles Alte vergessen,
regelrecht blind,
> oder vielmehr besessen.
Ohne viel´ Worte,
> nur durch Blicke verstehen.
Viel zu stumpf,
> um die Wahrheit dahinter zu sehen.
Rastloses Wandern
> und immer im Kreis.
Ein russisch´ Roulette,
> auf sehr dünnem Eis.
Hast du auch so viel Spaß
> an unserem Spiel?
Traust du dich noch mehr,
> oder ist es zu viel?
Spiel oder lass es,
> denn die Glut ist noch heiß.
Eines sei dir gewahr,
> spielen hat seinen Preis.

Stadtbaustelle

Die Nacht senkt sich über die Stadt.
Die Luft kristallen fast vor Klarheit.
Am Himmel sehe ich mich satt
und such noch immer nach der Wahrheit.

Tausend Sterne zeichnen Bilder
ans rabenschwarze Firmament.
Das zahme Tier in mir wird wilder,
wohl dem, der dieses Tier nicht kennt.

Ich gehe schneller durch die Gassen
und renne schon am nächsten Eck.
Alle Straßen sind verlassen.
Eben noch hier, bin ich schon weg.

Über den Dächern, aus den Schloten,
zieht sich der Dunst der Industrie,
in Wolken die wie Götterboten,
entsprungen sind aus Phantasie.

Der Mond erhellt die Nebelschwaden,
in diffusem weißen Licht.
Scheint Nachtgestalten einzuladen,
indem er wortlos zu uns spricht.

Ich will hinauf und immer weiter,
an den höchsten Punkt der Stadt.
Aus kaltem Stahl ist diese Leiter,
die sich mir angeboten hat.

Noch eine Sprosse, noch ein Stück
und wieder ein paar Meter mehr.
Immer steigert sich mein Glück,
doch wer nur führt mich, frag ich, wer?

Nun bin ich an der dünnen Spitze
und über mir, der Sterne Lichter.
Ein schmaler Steg auf dem ich sitze,
die Stadt hat so viele Gesichter.

Unter mir das Lichtermeer
der vielen Häuser und Laternen.
Ich dreh mich mit dem Wind umher,
will mehr über mich selber lernen.

Es ist der höchste Kran der Stadt,
ein leblos, stählernes Gebilde,
das stimmenlos gerufen hat,
was führt es nur mit mir im Schilde?

Spiegelung

Ich bin ich,
ich bin auch du
und ich bin auch die Anderen.
Wir schauen uns selbst beim Spielen zu.

Ich sehe mich,
ich sehe uns alle,
in einer Gruppe ganz alleine.
Gefangene Vielfältigkeit in der Menschenfalle.

Ich drehe mich,
wir drehen uns auch,
ein Tanz den niemand sehen wird.
Ein Solo zwischen Schall und Rauch.

Ich lächle jetzt,
bin dürr und fett
und alles andere bin ich auch.
Ein stummer kleiner Tanz im Spiegelkabinett.

© Florian Greuling – Berlin, Bundestag

Grabpflege

Stein an Stein und viele Namen.
Viele Zahlen, lange her.
Männer liegen neben Damen.
Viele kennt heut keiner mehr.

Fein aufgereiht und arrangiert,
lacht uns so manche Blume an.
Während Unkraut triumphiert,
auf einem Platz gleich nebenan.

Gepflegt wird oft auch fürs Gewissen.
Im Leben niemals so verehrt,
jetzt oft besucht, total beflissen,
von vielerlei Besuch beehrt.

Das schönste Grab im weiten Rund.
Ins Auge muss es jedem fallen.
Ordentlich und fröhlich bunt,
ist es das schönste Grab von allen.

Doch sage ich euch im Vertrauen,
wenn ich einmal gegangen bin.
Ich kann nicht auf die Blumen schauen,
bringt sie einfach sonst wohin.

Bringt sie doch, wenn ich noch lebe!
Lasst auf dem Grabe Unkraut sprießen.
Das ist der Rat, den ich euch gebe.
Das Leben, nicht den Tot genießen.

Smog

Synapsen, reglos doch lebendig,
fesseln unsren Blick beständig.
Ein Netzwerk auf der Erdenhaut,
ein Spinnennetz, vom Mensch gebaut.

Abgehoben, überflogen,
bei Nacht von „A" nach „B" gezogen.
Sternenglanz, dann wir dazwischen
und unter uns ein Lichterkissen.

In den Scheiben noch mehr Sterne,
ganz nahe und nicht in der Ferne.
Gefroren auf dem Weg hinauf,
tauen sie beim Landeanflug auf.

Wir tauchen ein ins Kleid der Stadt,
die jetzt den Strass verloren hat,
der uns vom Himmel noch verführt
und nunmehr seinen Glanz verliert.

Was wir jetzt von ganz nah erblicken,
ein Kleid genäht aus kleinen Flicken.
Schaut dieser Stadt unter den Rock,
verrucht, verraucht und voller Smog.

***

Coburg

Chronisch ist, was ewig bleibt.

Oder das, was wiederkehrt.

Werte unsrer schönen Stadt,

Erhalten wir gern unversehrt.

Rastlos aber ist der Wandel.

Täglich neue Zeilen schreiben.

Eine Seite, ein Kapitel,

Und dennoch wird es Coburg bleiben.

Nachts erstrahlt am Berg die Veste.

Der Schlossplatz bebt, bei jedem Fest.

Wie das Herz in unsrer Mitte.

Als ob er Coburg leben lässt.

Neben herzoglichem Glanze,

Drängt sich modernste Industrie.

Es leben Werte und auch Wandel!

Langweilig wird Coburg nie.

© Sonja Greuling – Coburg, Veste

Asphaltblume

Im roten Licht am Horizont,
erscheint die Stadt als Silhouette.
Schwarz und messerscharf umrissen
mit einer bunten Lichterkette.

Auf ihrem steten Tageswege,
steigt die Sonne immer weiter.
Bringt Licht in alle dunklen Ecken,
ist oftmals auch ein Wegbereiter.

Schmutz und Staub in allen Straßen,
aufgewirbelt vom Verkehr.
Bedeckt und färbt in tristem Grau,
was sonst so schön gewesen wär.

Müll und Dreck in allen Ecken.
Parolen geschmiert an Ziegelwände.
Keine Farben, schwarz und weiß,
Beton und Asphalt ohne Ende.

Hoch hinauf ragt Stein und Glas,
auf stählernen Gerippen.
Im Rinnstein und so manchen Ritzen,
liegen die ausgetretenen Kippen.

Die Zivilisation - gelobt
und hochgehoben in den Himmel,
besteht aus Feuchtigkeit und Kälte
und ist im Innern voller Schimmel.

Kein grünes Blatt am Wegesrand,
Natur verdrängt in Fotoalben.
Sieht man hier nur Menschen hetzen
und mancherorts die Bordsteinschwalben.

Den Kopf gestützt auf meine Hände,
sitze ich am Gehsteigrand.
Kann es nicht glauben, bin entzückt,
was ich zu meinen Füßen fand.

Aus einer Ritze dort im Pflaster,
lacht mich eine Blume an.
Ich lächle stumm und ich begreife,
dass man Natur nicht zähmen kann.

***

Die erste Grenze

Habe ich Sie ins kalte Wasser geworfen?

Ich hoffe, Sie verzeihen es mir noch einmal. Wir legen eine kurze Pause ein. Hier, genau hier, an unserem ersten Etappenziel. Am Rande der Stadt, mit einem herrlichen Ausblick auf das, was uns nun erwartet.

Lassen Sie uns trotzdem noch einmal auf das Erlebte zurückblicken. Sie haben Ihre Augen geöffnet und waren mitten im Leben, im Getöse, angekommen. Gleich nach der ersten Ecke sind wir mitten in eine wilde Demonstration geraten. Es war nicht geplant, aber eine Stadt ist eben manchmal unberechenbar. Wir sind geflüchtet, in ein Labyrinth aus Wohnblocks. Vorbei an einem Straßenkehrer und vorbei an Wirbeln aus Laub und Schmutz, die seinem Besen bislang entkommen sind.

Ich habe Sie für einen kurzen Moment an den Time Square in New York entführt und was ich Ihnen hier geschildert habe, habe ich auch genauso erlebt. Zurück aus der Welt der Leuchtreklamen und des grenzenlosen Überflusses, sind wir wieder auf dem Boden der Tatsachen gelandet. Wir sind auf einen Bettler getroffen, der auf eben diesem Boden lebt und haben uns dann mit dem materiellen und dem seelischen Verfall beschäftigt. Doch was verfällt, kann man auch wieder aufbauen. Wenn Sie das nächste Mal vor einem großen Baukran stehen, stellen Sie sich vor, bis auf die Spitze zu klettern, von oben herab zu sehen und den Wind im Gesicht zu spüren.

Am Ende haben wir uns selbst betrachtet und jene die zurückbleiben müssen. Aus dem Dunst der Großstadt, habe ich Sie in meine beschauliche Heimatstadt nach Coburg geholt. Ich hoffe Sie haben sich bisher wohl gefühlt und konnten sich gerade etwas ausruhen.

Die kleine Blume, die sich dem Asphalt widersetzt, hat uns den Weg gewiesen. Wir haben uns dem Stadtrand genähert, die Luft ist klarer geworden und der leichte Wind trägt die Aromen von frischem Gras und Tannennadeln zu uns herüber.

Sehen Sie die Hügel am Horizont? Zwischen ihnen liegt unser nächstes Ziel - der Fluss.

Auf dem Weg dorthin, werden wir aber noch einige Begegnungen hinter uns bringen. Mit Tieren, mit bodenständigen Themen und wir werden auch hier nicht an den Spuren vorbei kommen, die wir Menschen hinterlassen haben. Über manche ist im wahrsten Sinne bereits Gras gewachsen, andere sind aber noch sehr gut zu erkennen.

Ich will Sie aber nun nicht länger auf die Folter spannen.

Lassen Sie uns weiter gehen,

über die Grenze,

hinaus aufs Land.

© Sonja Greuling – Lillachtal, Sinterstufen

Kapitel 2

Land

Landflucht

Wir sollten laufen, schickt euch an.
Den Horizont sehen wir noch nicht.
Die Stadt spuckt Nebel in den Himmel,
der in den Augen brennt und sticht.

Der Asphalt bebt unter den Schritten,
wenn abertausende marschieren.
In den Adern des Verkehrs,
lassen wir nun das Blut gefrieren.

Wer noch fährt, wird halten müssen
und schließlich wird auch jener wandern.
Alle schließen sich uns an,
den Schwachen tragen alle Andern.

Wir laufen bis die Straßen schwinden,
so wie die Stadt in unsrem Rücken.
Bis wir, mit unsren müden Augen,
nur grünes, freies Land erblicken.

Wacht auf und seht die wahren Wunder!
Wacht auf, ihr könnt nicht müde sein!
Seht wie die Krähen ziehen am Himmel,
schwarzblauer Glanz im Sonnenschein.

Seht wie die Bäume sich sanft wiegen,
atmet der Brise vollen Duft.
Die unsre Lungen, unvergiftet,
füllt mit Leben und mit Luft.

Seht die Blumen, wuchernd, wild.
Nicht aufgereiht und arrangiert.
Dreht euch im Kreis, blickt in den Himmel,
bis ihr euch in euch selbst verliert.

Schließt eure Augen jetzt und lauscht.
Ihr hört die Symphonie des Lebens.
Erinnert, was ihr habt vergessen.
Das ist der Grund meines Bestrebens.

Ich reiche euch den goldenen Schlüssel,
sperrt auf das Herz und seid gespannt.
Reißt auf die Tür zu allen Sinnen,
folgt mir hinaus, folgt mir aufs Land.

***

Das Waldhaus

Waldweg, fast verblichen schon,
im fahlen Lichte der Natur.
Tannennadeln, welke Blätter, den
einst′gen Weg erahnt man nur.

Vorbei, an Großvätern von Bäumen.
Jedes Astloch schaut beflissen,
auf meinen Schritt, von Anfang an,
beim Weg über das Nadelkissen.

Das Licht sperren sie gänzlich aus,
saugen die Sonne aus der Luft.
Dicht erstreckt sich dieses Astwerk,
über die dunkle, stille Gruft.

Vor meinen Augen tanzen Schemen,
schwärzer noch, als mancher Schatten.
Nehmen dort im Unterholz,
den schweren Moosgeruch zum Gatten.

Ich bin allein und spüre dennoch,
diese Angst, die unbestimmte.
Wenn doch nur irgendwo dort draußen,
ein kleiner Hoffnungsschimmer glimme.

Mittlerweile ist es Nacht,
doch macht das einen Unterschied?
Auf diesem Weg, wo selbst am Tage,
man nicht die Hand vor Augen sieht.

Wie aus dem Nichts steht es vor mir.
Das Waldhaus, das nicht jeder findet.
Die Balken morsch seit vielen Jahren.
Die Scheiben matt und fast erblindet.

Dennoch steht es weiter hier,
wartet auf diesen oder jenen.
Es lädt nicht zum Verweilen ein,
doch wird sich jeder danach sehnen.

Wer einmal diese Ruhe fand
und über diese Schwelle trat,
der kommt zurück zu seiner Zeit,
sucht Hilfe oder guten Rat.

Die Angst schützt diese alten Räume,
vor dem, der ungebeten reist.
Und dessen Ziel schon vor dem Start,
das legendäre Waldhaus heißt.

Ikarus

Entführe mich, ich bitte dich.
Nimm mich mit, wohin auch immer.
Zum Dach des Himmels und noch höher,
über eine Welt der Trümmer.

Lass uns rasten auf Ruinen,
lass uns ein Lebenszeichen sein.
Ein Stillleben ist die Kulisse
und wir werden die Tänzer sein.

Wir bringen wieder frohe Kunde,
erzählen wie es damals war.
Wir zahlen die Liebe nicht in Raten.
Jeder von uns bezahlt sie bar.

Sei mein Ikarus der Sterne,
deine Flügel brennen nicht.
Sei mein Ikarus der Nächte,
trag mich vorsichtig ins Licht.

Wir können vieles noch erreichen
die Welt ein wenig weiterdrehen.
Der Traurigkeit zur rechten Zeit
und unbemerkt den Kopf verdrehen.

Breite deine Flügel aus.
Ich bin der Staub auf deinen Schwingen.
Der silbern glitzert in der Sonne,
wenn wir über die Wolken springen.

Faun

Er tanzt und springt zwischen den Bäumen,
im Unterholz, für uns versteckt.
Doch er ist da, ganz ohne Zweifel,
getarnt, mit Blätterwerk bedeckt.

Er sorgt für Ordnung und beschützt,
was ihm am allerliebsten ist.
Seine Natur und seine Wälder,
weil das der Mensch zu oft vergisst.

Er kämpft alleine, hält sich tapfer
und Hilfe ist ihm stets willkommen,
wird ihm doch leider immer mehr,
von seinem Lebensraum genommen.

Er ist auch jetzt in eurer Nähe,
seid euren Handlungen gewahr.
Tut nichts was uns´ren Faun erbost.
Sonst wird der Waldgeist zur Gefahr.

***

© Sonja Greuling

Zurück im Märchenwald

Dunstiges Treiben,
obwohl nichts treiben kann.

Halbgefrorener Weiher
und dicht darüber,
der trübe Atem des Winters.

Bäume, einem Webstuhl gleich,
ziehen ihre Fäden aus dem Wasser.

Stumm verknüpfen sie das, was aufsteigt,
zu einer samtig weißen Decke,
die sich ausbreitet wie von Zauberhand.

Dicht mit Moos bewachsene Steine,
liegen wie die Nadelkissen dieser Manufaktur
im Unterholz begraben
und lauern darauf gebraucht zu werden.

***

Es werde Leben

Wenn das Schweigen der Wasser
wieder die Stimme erhebt
und der Eismantel nicht länger ist, sondern war.

Wenn graue Erden sich wandeln ins Grün,
geziert von einem Feuerwerk aus bunten Sternen.

Wenn ein warmer Atem die dunklen Wolken vertreibt
und wie ein Hirte weiße Schäfchen auf die endlos
blauen Weiden des Himmels schickt.

Wenn die Stimmen der Wälder und Wiesen erwachen
und beim ersten Sonnenstrahl der Chor des Tages
seine Arie beginnt, die bis zum Abend andauert.

Wenn sich alles bereit macht,
herausgeputzt und ohne Angst
vor dem Sprung ins Leben.

Wenn der Takt in unserer Mitte schneller wird,
bis das Blut in unseren Ohren rauscht.

Wenn die gläserne Welt
in glitzernde Scherben zerbricht
und die Sonne sie streichelnd schmelzen lässt.

Dann saugt der Boden sie gierig auf
und schreibt mit dieser Tinte „Frühling" auf das Land.

Säen und Ernten

Wir spannen den Pflug an
und machen uns auf zu säen.

Wir reißen die Erde auf
und dringen unter die Oberfläche.
Manchmal nicht nur auf unserem eigenen Acker.

Wir setzen ein Korn ein
und bedecken es heimlich wieder.
Wir warten was passiert.
Wir erfreuen uns an dem Spross,
der die Erde durchstößt.

Wir hegen und pflegen ihn.
Wir investieren Zeit und Liebe.

Wir versuchen ihn zu schützen,
jeden Tag, bis er irgendwann Früchte trägt.
Doch manchmal reicht das nicht.
Zu viel Wasser, zu viel Sonne, zu viel, zu viel.

Manchmal zerstören andere dieses Leben,
oder deren Gewächse umschlingen
mit ihren Wurzeln das unsere.
Ganz unbemerkt, ganz unsichtbar,
unter der Oberfläche.

Am Ende können wir nur ernten was übrig bleibt.
Manchmal reicht das aber nicht, um zu Überleben.

Krähenvogel

Hallo Krähe! Setz dich zu mir.
Schwarz und glänzend dein Gefieder.
So viele haben Angst vor dir,
denn du bringst ihre Ängste wieder.

Für Sie, der große Unglücksbote,
bist du für mich nur faszinierend.
Mit der ganz eignen, feinen Note,
lockst du mich, fast enervierend.

Ich sehe Stolz in deinem Blick
und würde gerne mit dir fliegen.
Wär es auch nur ein kleines Stück,
die Welt würd mir zu Füssen liegen.

Dein schwarzes Kleid ist eine Zierde,
fast samtig weich wirkt es auf mich,
und weckt sofort meine Begierde.
Ich wär gern du, wär ich nicht ich.

Ich höre deine leisen Schritte,
auf dem Blechdach hin und her.
Erst an den Rand, dann hin zur Mitte,
wegzuhören fällt mir schwer.

Jetzt endlich schwingst du dich herab,
auf meiner Schulter bleibst du sitzen.
Schön - das ich dich bei mir hab.
Ich sehe deine Augen blitzen.

Du flüsterst leise in mein Ohr,
einen geheimnisvollen Reigen.
Dann steigst du wieder hoch empor,
hast Freude endlich aufzusteigen.

Nur eine Feder sinkt zu Boden
und hinterlässt mir einen Gruß.
Ich hab sie traurig aufgehoben,
dann geh ich auch - leider zu Fuß.

***

Frühling

Die Schwermut geht mit leichten Schritten,
das Eis beginnt sich aufzulösen
und alles was darunter lag,
ist nun dabei sich zu entblößen.

Was übrig bleibt vom kalten Winter,
sammelt sich in kleinen Haufen.
Wird weggefegt vom Hauch des Frühlings.
Vor Angst fast scheint es wegzulaufen.

Aus einem Rinnsal wird ein Bach,
am Ende eine große Flut.
Die Erde wagt, sich aufzubrechen,
ruft erste Knospen zum Salut.

"Stillgestanden!" - ein Befehl.
Dem nichts und niemand Folge leistet.
Alles sprießt und will gedeihen,
kein Pflänzchen das sich nicht erdreistet.

Alles strebt zur Sonne hin
und will die Wärme wieder spüren.
Willkommen Frühling, sage uns,
wen wirst du zum Gewinner küren?

Ich wünsche mir

Ich wünsche mir, ich wünsche mir,
ein Stück von meinen Träumen.
Ich wünsche mir, zurückzuspulen
und nichts mehr zu versäumen.

Ich wünsche mir den schönsten Tag
und das er nie vergehe.
Ich wünsche mir den besten Ausblick,
wenn ich am Abgrund stehe.

Ich wünsche mir ein Seil das bindet,
doch fesseln soll es niemals nicht.
Ich wünsche mir so viele Sachen
und gehe mit mir ins Gericht.

Schuldig! Einen Traum zu träumen,
und einfach nichts dafür zu tun.
Schuldig! Chancen zu verpassen,
stattdessen lieber auszuruhen.

Schuldig! An den schönsten Tagen,
dem Leiden immer nachzutrauern.
Schuldig! An so manchem Abgrund,
nur auf den tiefen Fall zu lauern.

Schuldig! Jedes Seil der Welt,
als Stolperfalle auszulegen.
Schuldig! Ist der Richterspruch,
gesprochen unter Hammerschlägen.

Welteneinblick

Schneidersitz und Augen zu,
scharf wie eine Messerklinge,
sind die Sinne vorbereitet,
auf das ein Weltenwunderbild tief in meine Seele
dringe.

Leise flüstern Märchenwinde,
in mein Ohr Legendenkunde,
lausche, lerne und begreife,
vergesse alle deine Sorgen, in dieser einen, einz´gen
Stunde.

Genieße diesen puren Duft,
der dir erzählt von andren Welten.
Aromen fremder, wilder Erden,
die neben unsrer existieren, in denen andre Werte
gelten.

Öffne deine Augen jetzt
und du wirst kurz geblendet sein.
Hoch auf dieser scharfen Klippe,
blickst du weit und weiter noch, in das neue Land
hinein.

Wiesen, Wälder, stille Seen
gespeist von kalten, klaren Flüssen.
Spielarena fremder Wesen,
Elfen und Walkürenreich, wagt es nicht, mich wach zu
küssen.

Um diesen Einblick zu verdienen,
in diese andre Welt zu sehen.
Muss man weit und weiter reisen
und ohne Furcht vor einem Fall, ganz nahe vor dem
Abgrund stehen.

***

Grashalm

Ich lieg auf der Wiese, in Gedanken versunken.
Im Traum längst in einer ganz anderen Welt.
Ich reite auf Wellen, im Meer der Gezeiten.
Die Zukunft hat sich mir vorgestellt.

Ganz nebenbei greif′ ich mit meinen Händen,
ins saftige Grün, welches um mich erblüht.
Mein geistiges Auge sieht andere Dinge.
Einen Stern, der im eigenen Feuer verglüht.

Ich führe den Halm nun an meine Lippen,
streiche darüber und lecke daran.
Doch mein anderes Ich bewundert die Traumwelt,
die sonst, außer mir, keiner sehen kann.

Ich öffne die Lippen und koste den Stängel.
Sein saurer Geschmack verschafft mir das Wissen.
Während ich weg war, im Land meiner Träume,
hab ich doch tatsächlich ins Gras gebissen.

***

Sommer

Die Nächte kurz, die Tage lang,
verführt von Licht und Spiegelung.
Selbst im Schatten, viel zu heiß,
spür ich im Innern diesen Drang.

Stillstandsangst. Will mich bewegen,
tanzend durch den Tag marschieren.
Am späten Abend noch nicht müde,
die Hülle nur ins Bette legen.

Der Geist bleibt wach, ob dieser Tage,
immer wieder frische Ziele.
Warme Nachtluft in den Lungen,
stell ich dem Himmel eine Frage.

Wo sind die Jahre nur geblieben?
Die vielen Sommer die ich sah.
Vertickt scheint mir, wie die Sekunden.
Vom Ziffernblatt der Uhr vertrieben.

Sonnenuhren ticken nicht
und still schleicht sich die Sommerzeit,
an uns heran und zieht vorbei,
im hellen, warmen Tageslicht.

Glutnest

Glutnester, überall in uns.
Entfacht,
angefacht,
flackern wir ein Leben lang,
im Rhythmus unsres Seins.

Wir sind Feuer und Flamme,
euphorisiert,
motiviert,
versuchen wir andere anzuzünden,
mit dem, was wir tun.

Brandwunden und Narben.
Auf der Haut,
im Herzen.
Auf unserer Seele zeigen sich
die Spuren der Zeit.

Aschehaufen die noch schwelen,
ausgebrannt,
abgebrannt,
warten wir auf den Moment,
wieder angesteckt zu werden.

Katzenblicke

Katze, wenn du sprechen kannst,
sag mir, was du immer denkst.
Auf wen, oder auf was du stets,
deine geheimen Blicke lenkst.

Starr und ruhig wird dir gewahr,
was du allein nur sehen kannst.
Blickst du in andre fremde Sphären,
wenn du mich auf die Folter spannst?

Gänsehaut verschaffst du mir,
wenn du den Punkt im Nichts fixierst.
Und dich dann scheinbar, ganz und gar,
in dieser, deiner Welt verlierst.

Katze, wenn du sprechen kannst,
sag mir, was du immer denkst.
Auf wen, oder auf was du stets,
deine geheimen Blicke lenkst.

***

Wölfisch

Was steckt nur unter deinem Pelz?
Wer bist du wirklich, tief im Innern?
Immer freundlich, nur am Lächeln,
das kann dein wahres Ich nicht sein.

Wo bist du immer wieder nachts?
Wo bist du, wenn der Vollmond scheint?
Die vielen Stunden bis zum Morgen,
verbringst du jedes mal allein.

Wer lauert hinter der Fassade?
Wer baut die Mauern rund um dich?
Undurchdringbar scheint der Wall,
doch irgendwo geht's raus und rein.

Was ziert dein Fell nach solchen Nächten?
Was schimmert da im Tageslicht?
Blutig rot sind all die Flecken,
du sagst jedoch, es sei nur Wein.

Warum versteckst du denn die Wahrheit?
Warum verbirgst du sie vor mir?
Ich habe längst den Wolf gewittert,
denn diese Nächte sind auch mein.

Welche Beute willst du jagen?
Welchen Wald wirst du durchstreifen?
Nimm mich mit, ich kann genauso,
der böse Wolf im Schafspelz sein.

© Sonja Greuling – NP Bayr. Wald

Letztlich gefallen

Seht mich an, ich stehe hier,
Frühling, Sommer, Herbst und Winter.
Kann nicht weg von diesem Ort,
kann nicht reisen, so wie ihr.

Raben kommt herbei sogleich,
ich habe Platz auf meinen Schultern.
Erzählt mir von der Welt und allem,
was ihr gesehen vom Himmelreich.

Ich werde bleiben, werde wachen,
über das Land, das um mich blüht.
Man kennt mich schon seit langen Tagen,
doch wird man mich zum Diener machen.

Niemand weiß mein wahres Alter,
doch wird mein Tod es offenbaren.
Kommt her zu mir ihr kleinen Wesen,
ihr Käfer, Spinnen, Würmer, Falter.

Nehmt Abschied nun, es ist soweit,
jetzt werd ich doch die Welt bereisen.
Leblos, ohne das zu sehen,
wovon ihr schwärmt die ganze Zeit.

Der Wille, der mich aufrecht hält,
ist nicht so stark wie eure Schneide,
und so verstummen die Gedanken,
klinisch tot, der Baum gefällt.

Sonnenuntergang

So dicht, wie Zigarettenrauch,
streut Atem Nebel in die Luft.

Wo nichts gedeiht, weil alles friert,
Eisblumen nur am Fenster.

Die kalte Luft lähmt alle Sinne,
kein Wohlgeruch, kein guter Duft.

Der Wind beißt uns mit spitzen Zähnen,
heult laut, wie allerlei Gespenster.

Der Schnee knirscht unter unsren Schritten,
jedes Mal ein lauter Schrei.

Das Eis stöhnt auf dem tiefen Wasser,
es bricht sich selbst, vereint, getrennt.

Die Sonne sinkt und wärmt nicht mehr,
so geht auch dieser Tag vorbei.

Doch ihr Zorn ist ungebrochen.
Die Erde kalt, der Himmel brennt.

Nachtschwarz

Der Himmel - Nachtschwarz
Der Wald - Nachtschwarz
Die Luft - Nachtschwarz
Kein Licht, nur Dunkelheit.

Aber deine Haut an meiner,
dein Atem in meinem Mund,
deine Hände auf meinem Körper
und der Duft von dir.

Das alles zaubert mir Regenbogen in den Kopf
und ein Feuerwerk in meine Gedanken.

Die zweite Grenze

Wir sind angekommen. Rechts und links von uns, erstrecken sich bewaldete Hügel und direkt vor uns saftige Auen, durch die sich ein silbernes Band, wie eine Schlange, windet.

Wir haben den Fluss erreicht. Schon vor der letzten Biegung auf unserem Weg, konnten wir das Rauschen und Plätschern hören. Die Sonnenstrahlen glitzern auf der bewegten Oberfläche und man könnte meinen, funkelnde Diamanten zieren die Oberfläche der Wirbel im Wasser.

Es geht voran, es fließt, es bewegt sich. Das Wasser im Fluss hat ein Ziel, genau wie wir. Man muss sein Ziel im Auge behalten und klar definieren, um es auch zu erreichen. Tut man das nicht, tritt man auf der Stelle. Man verharrt. Ich denke, ich muss Ihnen nicht erklären, was mit Wasser passiert, wenn es zu lange steht und sich nichts mehr bewegt.

Aber Wasser ist nicht das einzige, was fließen kann. Das Blut fließt in unseren Adern, Öl in den Maschinen, die Zeit strömt in ihrer Dimension und die Musik schlägt Wellen im Raum.

Unser nächster Abschnitt wird uns am Fluss entlang führen. Natürlich werden wir uns deshalb mit dem Lebenselixier schlechthin befassen, mit Wasser. Was zuerst nur ein Bach an unserem Weg war, wird wachsen, wird erwachsen. Zielsicher wird er uns führen, bis zu dem Ort, an dem der Strom sich ins Meer ergießt. Alles was wir nun tun müssen, ist unsere müden Füße auszuruhen und uns einfach mitreißen zu lassen. Genießen Sie den Ausblick auf diesem Abschnitt. Lehnen Sie sich einfach zurück…

…und lassen…

　　　…Sie sich…

　　　　　…treiben.

© Sonja Greuling – Lillachtal, Sinterstufen

Kapitel 3

Fluss

Morgentau

Lichtstreifen,
Dunst über Gras,
beides aufstrebend,
zum Licht.

Huckepack,
nur Erdgeruch,
reist auf dem
Rücken mit.

Wasserperlen
an den Schuhen,
zerbrechliche und
feine Anhalter.

Frischluft
in den Lungen,
ein Kommen und
Gehen von Leben.

***

Nieselregen

Pures Gefühl,
Regen auf der nackten Haut.

Jeder Tropfen,
gespürt, verfolgt und doch verloren.

Feine Stiche,
wie Nadeln prickelnd, doch vertraut.

Kleine Bäche,
in feinen Fältchen nun geboren.

Rinnsal kitzelt,
nun fließt, was vorher aufgestaut.

Körperwüste,
zum breiten Flussbett auserkoren.

Jeder Tropfen,
gespürt, verfolgt und doch verloren.

Pures Gefühl,
Regen auf der nackten Haut.

***

Wassergöttin

Wir sind im Fluss, im Fluss der Zeit,
lasst euch treiben, nur ein Stück.
Denn auf dem Weg zur Ewigkeit,
findet man zu sich selbst zurück.

Manch einer weiß es gar nicht mehr,
aus welcher Quelle er entsprang.
Er wandelt unruhig hin und her
und sucht danach ein Leben lang.

Schließt eure Augen, stellt euch vor,
ihr spürt den Regen auf der Haut.
Die Wolken öffnen Tür und Tor
und plötzlich wird die Stille laut.

Die Wassergöttin spendet Leben,
drum, wenn es regnet, grämt euch nicht.
Denn es wird Regenbogen geben,
wenn Tropfen fallen im Sonnenlicht.

***

Blutbad

Ich blute,
    aus Wunden, die ich gestern nicht hatte.
Ich blute,
    verborgen, blute im Schatten.
Ich blute,
    für mich - und niemand verbindet.
Ich blute,
    im Rauch, bis sich alles entzündet.
Ich blute,
    auf ewig - und ewig ist lange.
Ich blute,
    es läuft, doch es bleibt bei der Stange.
Ich blute,
    es tropft, bildet Flüsse und Seen.
Ich blute,
    im Sitzen, im Liegen und Stehen.
Ich blute,
    Gedanken, sie gerinnen am Boden.
Ich blute,
    Erneuerung, noch mehr Episoden.
Ich blute,
    im Herzen, doch ich spüre es nicht.

Blut ohne Schmerzen, so blutet man nicht.

Taufstein

Am Anfang war ein Wort gegeben,
auf warme Haut tropft kaltes Wasser.
Noch kann es keiner sicher wissen,
ob unbegabt, ob Tausendsassa.

Die nächsten Jahre werden zeigen,
ob du erblühst oder verkümmerst.
Ob du dir etwas schaffst, was bleibt,
oder der Andren Werk zertrümmerst.

Du weißt nicht, wie viel Zeit dir bleibt.
Verschwend´ sie nicht mit Albernheiten.
Saug auf, was diese Welt dir zeigt.
Lass dich auf deinem Weg begleiten.

Denn eines ist gewiss mein Freund.
Am Ende gehst du doch allein.
In Stein gehauen, steht dann dein Name,
doch wird es nicht der Taufstein sein.

***

Wasserfest

Nachtdunkle Schatten auf deinem Gesicht,
sie schminken dein Antlitz mit hauchdünner Schicht.
Der Vollmond am Himmel scheint auf deine Haut,
in samtigem Weiß, hat er dich getraut.
Vermählt mit der Trauer, bis sie dich verlässt,
weine ruhig, denn die Schatten sind wasserfest.

Schwarzes Gold

Jahre ist es her,
seit die Elmsfeuer auf den Mastspitzen leuchteten.
Gleißend hell haben sie versucht uns zu warnen.
Egoismus und Stolz zwangen uns loszusegeln,
ohne Kompass, ohne Sextant, aber mit erhobenem
Haupt. So sicher, dass wir auch ohne Schiff über das
Wasser gehen könnten und es sich notfalls für uns teilt.

Wir ziehen aus, die letzte Bastion der Natur zu erobern.
Zu ergründen, was in der dunklen Tiefe liegt.
Wir fördern das schwarze Gold aus der Finsternis.
Bisweilen gelingt es uns, es zu zähmen,
bisweilen bricht es aus und verteilt sich auf den Wellen
und an den Stränden.

Immer wieder holt die Vergangenheit uns ein.

Der Fährmann

Der Frühling kommt, das Eis bricht auf,
der Fährmann wandelt still am Fluss.
In den Augen trägt er Sehnsucht,
schlummernd unter tiefen Falten.
Sie fährt stets mit, steigt niemals aus.
Für drei Silbertaler,
geleitet er all jene, die den Preis bezahlen.
Hinüber, dort ans ferne Ufer,
sie reisen weiter, doch er bleibt.

Er spannt die Seile wieder neu,
die Führung für den alten Kahn,
blickt schweigend in den Morgennebel.
Der Schilf noch braun und ohne Kraft,
bewegt sich, raschelt in der Brise.
Die Welt ist klein.
Für ihn ist sie der Fluss und das Stück Land,
vielmehr hat er noch nicht gesehen.
Sein Lab sind die Geschichten.

Langsam schreitet er zur Hütte,
den Stab zu holen, der ihm dient.
Der Stab, den er ins Wasser stößt,
um seinen Nachen zu bewegen.
Jeder Stich in den Grund, ist auch einer ins Herz.

Er blickt auf sein Heim und wieder zum Fluss,
er hört die Stimme, der strömenden Fluten.
Das Wasser ist hoch, wenn der Winter geht.

Den Stab in der Hand, besteigt er den Kahn,
zerschneidet das Tau, das den Nachen führte.
Er stößt sich ab, im Rhythmus des Plätscherns,
er treibt dahin, im Getöse der Flut.
Richtung Meer, Richtung mehr,
und die Sehnsucht heißt ihn willkommen.
Er tanzt auf den Planken, seine Augen sind feucht,
er blinzelt und die Welt verschwimmt.

Der Kahn trägt ihn sicher, er tanzt und singt,
das Orchester des Flusses begleitet die Worte.
Er verschwand an dem Tag, als der Frühling ihn holte,
doch er tanzt immer weiter und die Sonne geht auf.

***

Elfentränen

Es war einmal vor langer Zeit,
in einem wunderschönen Kleid,
ein zartes, junges Elfenkinde,
das sang und tanzte mit dem Winde.

Sie saß am Meer, las in den Wellen,
von Seen, Flüssen, Wasserfällen,
vom Regen, der die Erde tränkt
und gleichsam die Natur beschenkt.

Aus allen Teilen dieser Welt,
werden Geschichten ihr erzählt,
wir hören nur die Wellen rauschen,
wenn wir dem Klang des Wassers lauschen.

Doch sie versteht die wahren Worte.
Sie hat den Schlüssel für die Pforte.
Dem Eingang ins geheime Reich,
doch ihre Haut ist kalt und bleich.

Nicht alles, was sie hört, ist gut.
Und manchmal nimmt es ihr den Mut,
die Kraft noch weiter hinzuhören
zu viele Dinge, die sie stören.

Ausgenutzt und ausgebeutet,
die letzten Stunden eingeläutet.
An vielen Orten wird zerstört,
was diesem Elfenkind gehört.

Traurig senkt sie ihren Blick,
wünscht sich Verlorenes zurück,
und ihre Tränen fallen nieder,
die dunkle Erde, nimmt sie wieder.

Ich knie am Boden und ich grabe.
Nun seht, was ich gefunden habe.
Es glitzert in den Sonnenstrahlen,
die Farben könnte keiner malen.

Diamanten, makellos,
entdeckte ich im Erdenschoß.
Ich halte sie in meiner Hand.
Es waren die Tränen, die ich fand.

***

Wasserfall

Mit dem Blick auf das fließende Wasser,
kehrt Ruhe ein in uns.
Die Gewalt und die Menge fesseln unseren Blick.
Seichte Wellen auf der Oberfläche,
hypnotisieren uns fast und tragen unsere Sorgen davon.
Man möchte sich hineinwerfen,
ein Teil davon werden,
geschmeidig über das Flussbett streicheln
und einfach sein.

Dann steht man an der Kante.
Sieht direkt in das tiefe Blau hinein,
wie es sich über den Abgrund schiebt
und schließlich, in einer Gischt Wolke
in den Aufwinden tanzt.
Das laute Toben und Tosen,
wenn es sich auf die spitzen Felsen am Grunde ergießt,
schreit uns an - will uns aufwecken.
In Jahrhunderten mühsamer Arbeit,
hat das Wasser einen Riss durch die Welt gegraben.
Nur durch zartes Streicheln.

Es sagt uns, dass man alles erreichen kann,
wenn man lange genug seine Ziele verfolgt.
Aber gleichsam, das es gefährlich ist, immer die
gleiche Stelle zu streicheln.
Irgendwann wird auch diese Stelle wund werden
und schmerzen, ganz egal, wie zart das Streicheln ist.

Und letztlich fließt Blut.

© Sonja Greuling – Hergramsdorf b. Coburg

Auf hoher See

Die Wellen fauchen wie ein Tier,
doch du, mein Freund, bist noch bei mir.
Mein Segel ist vom Sturm zerfetzt,
die ganze Welt hat mich verletzt.
Nur du bist mir noch treu.

Ein Traumschiff hast du mir gebaut
und meine Sorgen gut verstaut.
Kein Weg ist dir für mich zu weit,
ob Ebbe, ob Flut, wir sind bereit.
Nur du bist mit an Bord.

Bist Heimathafen, Weg und Ziel,
die handbreit Wasser unterm Kiel.
Du bist das große neue Land,
die Palmen und der weiße Strand.
Nur du begleitest mich.

Ein Freund, der hinter einem steht.
Die Rettung, wenn man untergeht.
Ja, bis zum Ende unsrer Zeit,
besegeln wir die Welt zu zweit.
Nur du verlässt mich nicht.

Helgoland

Ein kleines Dorf aus bunten Häusern,
geschützt von Stahlbeton und Stein,
trotzt es dem Wasser und dem Wind,
war - und wird noch lange sein.

Von oben mit dem Blick zum Hafen,
kehrt Ruhe in die Herzen ein.
Ober-, Mittel-, Unterland,
im gleißend hellen Sonnenschein.

Weiße Segel auf den Wellen,
und in den Gläsern roter Wein.
Das Gras bewegt von frischer Brise,
atmet man das Leben ein.

In dunkelroten Sandsteinfelsen
scheinen Verse aufgeschrieben.
In hellen Streifen stehen die Zeilen,
denn diese Klippen sind durchtrieben.

Von Grün bedeckt sind alte Narben,
nur hier und da ein Trümmerstück.
Auch das gehört mit zur Geschichte,
nicht immer fand man hier das Glück.

Bunkerschächte führen hinab,
in eine Welt, die längst vergangen.
In der die Menschen, die hier lebten,
ums Schicksal ihrer Insel bangten.

Aus rotem Sandstein hochgewachsen,
blaues Meer und weißer Strand,
das grüne Gras über den Dünen,
das ist mein Bild von Helgoland.

Leuchtturmgeist

Ein weißes Licht durchbricht die Nacht.
Seht ihr es auch am Horizont?
Der Sturm peitscht Wellen übers Deck,
ich höre wie der Käpt´n lacht.

Ein sich´rer Hafen ist in Sicht,
doch noch gehören wir dem Meer.
Es wiegt uns wie es ihm gefällt,
es spuckt uns einfach ins Gesicht.

Der Lichtpunkt kämpft gegen die Nacht,
fast höre ich ihn nach uns rufen.
Mit stummer Kehle fragt er uns,
was habt ihr euch dabei gedacht?

Zu dieser Zeit, an diesem Ort,
wärt ihr doch besser nie gewesen.
Nun habt ihr mich bereits entdeckt,
drum führe ich euch nun `gen Nord.

Kommt zu den scharfen Felsenklippen,
zu dunkel um sie zu erkennen.
Die Gischt spritzt hoch und höher noch,
trägt Salzgeschmack auf eure Lippen.

Ein Krachen, das doch keiner hört,
im Toben einer wilden Brandung.
Wenn das Gestein ins Innere dringt
und euer kleines Schiff zerstört.

Der Leuchtturmwärter senkt den Blick,
doch ziert ein Lächeln sein Gesicht.
Seit Jahr und Tag gelingt es ihm
und niemand kehrte je zurück.

Verflucht ist er zu diesem Handeln,
Jahrhunderte am selben Fleck.
Nicht eine Karte zeigt die Insel,
er ist gezwungen hier zu wandeln.

Denn seinen Leuchtturm gibt es nicht
und auf den Klippen nur Ruinen.
Ein Gespenst das unruhig wandelt
und wieder einmal macht er Licht.

***

Fukushima

Der Blick zum Meer,
gefüllt mit Angst,
auch in den Augen steigt der Pegel.
In Sekunden bricht der Damm,
die Wellen fressen sich hungrig ins Land,
benetzen alles mit salzigem Guss,
wie die Tränen die Gesichter.

Materielles und ideelles, zerborsten,
aus Fundamenten gerissen,
so wie die Träume und Hoffnungen,
aus den Herzen und Köpfen der Menschen.
Ungewollt schließen sich die Augen,
ein Zucken der Lider bei jeder Detonation.
Doch dann sieht man hin,
um zu sehen, was man nicht sehen will.

Wenn das Wasser verschwindet,
bleibt ein Teppich aus Erinnerungen.
Unvollständig, von den Motten zerfressen,
mit vielen kahlen Stellen.
Es tröpfelt noch hier und da,
wenn das Wasser geht.

Aus den Seen werden Pfützen
und schließlich wieder Land.
Auch die Gesichter trocknen,
langsam und über Jahre.

Strahlende Augen,
wenn Vermisste zurückkehren.
Strahlende Sonne,
die das Land trocknet.
Strahlende Lichter,
in den Häusern die verschont wurden.
Strahlend das Meer,
nicht blau, nicht türkis,
nur strahlend....

***

Mit den Wellen

Die Brandung betört uns,
fast hypnotisierend,
erst laut und dann leise, ein Kommen und Gehen.

Der Blick verschwimmt,
in der Gischt an den Felsen
und man beginnt, ungewollt, in sich selber zu sehen.

Das Rauschen im Ohr,
die Gewalt der Natur,
sie spült an die Küste, was ihr nicht gehört.

Zwischen den Stürmen
und brechenden Wellen,
hat das Meer schon so viele Träume zerstört.

Doch gleicht es sich aus,
auf der anderen Seite.
Denn die Wasser der Welt, verleiten zum Reisen.

Land kommt in Sicht
und heut werden wir ankern.
Zwischen Ebbe und Flut, zwischen Lautem und
Leisem.

Kronen aus Schaum,
tanzen vor unsren Augen.
Die Reling, so faltig wie Fischersgesichter.

Gegerbt von der Sonne,
dem Salz in den Winden,
bedeckt teils mit Asche, von Fackellichtern.

Den Sextant in der Hand
und den Leuchtturm im Rücken,
geht es bald wieder los, auf die ganz große Fahrt.

Ich lösche die Kerzen
in meiner Kajüte,
träum mich fort und die Wellen schaukeln mich zart.

***

Gezeitenspiel

Ein kurzer Vers, nur wenig Worte,
geschrieben in den nassen Sand.
Irgendwo an fernem Orte.
Namenlos ist dieses Land.

Die Wellen türmen sich und brechen,
spülen weg, was ward geschrieben.
Doch sie geben ein Versprechen,
ein letztes Wort zurückgeblieben.

Der Rest gelöscht von den Gezeiten
und neue Seiten aufgeschlagen,
schreib ich noch einen Vers, den Zweiten,
auch dieser wird davon getragen.

Das Meer ist gierig nach Geschichten,
es wird niemals gesättigt sein.
Bei jedem Male Anker lichten,
wird es nach neuen Worten schreien.

Ich schreibe weiter, immer weiter,
bin den ganzen Tag am Strand,
manches ist traurig, manches heiter,
was bleibt, ist nur ein Wort im Sand.

Übers Meer

Erinnerst du dich, noch vor einigen Jahren?
Wir betraten ein Schiff, zusammen, zu zweit.
Wir sagten einander: "Lass uns Meere befahren."
Der Ozean schien uns unendlich und weit.

In jedem der Häfen, die uns auf Reisen empfingen,
nahmen wir eine kleine Erinn'rung an Bord.
Es waren Geschenke, die wir dankbar empfingen.
Wir verstauten sie sorgsam, nahmen sie mit uns fort.

Von Küste zu Küste, über Tage und Jahre,
im Rücken der Wind und die Hoffnung voraus.
Vom Sturm in die Sonne, vom Trüben ins Klare.
Das die Segel zerrissen, dachten wir, macht nichts aus.

Den Anker verloren, beim vorletzten Halt,
treiben wir auf den wütenden Wellen dahin.
Eigentlich jung, doch gefühlt schon uralt,
fragen wir uns nun beide auf einmal: "Wohin?"

Das Schicksal entscheidet das letzte der Ziele.
Ein Hafen, ein Strand oder Untergang.
Möglichkeiten für uns gibt es viele,
und so suchen wir beide den Neuanfang.

Seelisch

Wellen und Wasser,
Rauschen im Ohr,
dröhnendes Tosen,
ein Leben.

Sand und Steine,
schaumige Gischt,
Salz auf der Haut,
ein Gefühl.

Muscheln und Tang,
verschlungene Arme,
angespült,
ein Gedicht.

Ebbe und Flut,
versunkene Schätze,
der goldene Segler,
ein Traum.

Seestern und Salz,
kristallklares Wasser,
klopfende Brandung,
ein Herz.

Fundstück

Barfuß am Strand,
der Sand ist weich und umschließt meine Zehen.

Seht her, was ich fand,
faszinierend, welche Dinge die Zeit überstehen.

Eine Scherbe aus Ton,
verziert mit den seltsamsten Zeichen.

Ein Finderlohn,
am Strande, gleich hinter den Deichen.

Welche Hände
haben einst diesen Tonkrug verziert?

Er spricht Bände,
wenn man sich in Gedanken verliert.

Nur ein Bruchstück,
und doch, auch so vieles vom Ganzen.

Welch ein Unglück,
über dem die Gezeiten jetzt tanzen.

Immer Meer

Das Meer folgt dem Mond,
wieder türmt es sich auf,
doch kann es ihn niemals erreichen.

Ein ewiger Rhythmus,
die Gezeiten der See,
während lautlos Jahrzehnte verstreichen.

Es formt unsre Küsten,
mit Engelsgeduld,
schwemmt Land an und nimmt es woanders.

Schäumend vor Wut,
oder tiefblau und zahm,
in jeder Facette besonders.

Das Meer folgt dem Mond,
es gibt niemals auf,
vielleicht kann es ihn noch erreichen.

Am Ende der Tage,
wenn die Sternschnuppen fallen,
in die Wellen, dort hinter den Deichen.

Die dritte Grenze

Wir konnten das Meer schon eine ganze Weile aus der Ferne sehen. Jetzt sind wir angekommen. Wir spüren den frischen Wind in unserem Gesicht, wir schmecken das Salz in der Luft und wir hören die Wellen an der Küste. Nur noch diese eine Pause, dann werden wir uns aufmachen, dass letzte Stück unseres Weges gemeinsam zu beschreiten.

Es ist Zeit, über andere Dinge nachzudenken. Die Liebe, den Schmerz, die Lust, was immer sie wollen. Aber, es gibt noch mehr als das, was wir mit unseren Sinnen wahrnehmen können. Mehr als alles, was fühlbar oder begreifbar ist. Die scheinbar endlosen Weiten des Ozeans, können wir gleichsetzen mit unserer Phantasie. Hier ist alles erlaubt und fast nichts ist undenkbar. So wie die großen Wasser der Erde alle Kontinente miteinander verbinden, so verbinden uns Menschen unsere Phantasien und Träume.

Egal aus welchen Teilen der Welt jemand stammt, die Träume und Vorstellungen gleichen sich. In diesem speziellen Fall würde ich sogar sagen, sie reimen sich.

Der Bachlauf, von dem wir nach unserer letzten Pause gestartet sind, hat sich bis zu diesem Platz in einen breiten Strom verwandelt. Vor unseren Augen sehen wir kein Land, nur noch Meer, noch viel mehr. Ziehen Sie Ihre Schuhe aus, wir werden sie für das letzte Stück nicht mehr brauchen.

Spüren sie den weichen Sand an Ihren Füßen und das Prickeln des Wassers zwischen Ihren Zehen. Diesen köstlichen Schauder auf der Haut, wenn das kalte Wasser unsere Knöchel umspült. Lassen Sie uns jetzt über alles und nichts nachdenken. „Die Gedanken sind frei." So heißt es schon in einem alten Volkslied. Es ist soweit.

Machen Sie…

…die Leinen…

…los.

© Florian Greuling – Mallorca, Nordwestküste

Kapitel 4

Meer/mehr

Nichts stimmt

Etwas stimmt nicht mehr, aber was ist es?
Nicht nachdenken, verdrängen.

Das Herz ist eingewickelt in Gedanken,
die nur etwas vortäuschen.
Das Herz sieht Bilder,
die es vom Kopf vorgesetzt bekommt.
Bilder, auf denen alles farbenfroh und bunt ist.
Aber es sind nur Kopien.

Das Original liegt tief versteckt, vergilbt und blass.
Doch irgendwann, ist man wieder auf der Suche
und wie so oft, findet man nicht das, was man sucht,
aber man findet, was man eigentlich nicht finden
wollte.

Die Wahrheit.

So wie dieses Bild.
Ganz plötzlich lösen sich die Fesseln,
das Herz schlägt wild und frei,
weil es endlich erkennt, dass es Zeit ist loszulassen.
Zeit, die Kopien zu entsorgen,
weil das Original dem nicht mehr gerecht werden kann.

Zeit, ein ganz neues Bild zu malen.

Vielleicht ähnelt es dem Alten,
vielleicht ist etwas ganz neues und anderes
auf der Leinwand zu sehen.

Wer weiß das schon?
Aber eines ist sicher.

Glück wird nur finden,
wer selbst vom Betrachter zum Maler wird.
Es ist völlig egal, wie man beginnt,
ein Punkt, ein Strich, rot oder blau.

Wichtig ist nicht, wie man anfängt.
Wichtig ist es,
den Pinsel in die Farbe zu tauchen
und die Leinwand zu berühren.

Alles andere ergibt sich...

***

Gedankenschach

Ich liege im Bett und kuschle mich ein,
wohlig und warm, genau so soll es sein.

Du denkst, dass ich schlafe, doch ich bin noch wach.
Gegen all meine Sorgen, spiel ich geistiges Schach.

Wo sind mein Turm, meine Springer und Läufer,
meine Bauern verwandelt in Seelenverkäufer.

Der König ist Herrscher, oder sollte es sein.
Doch er wird gut beschützt und kämpft nicht allein.

Erst „Schach" und dann „Matt", ich sehe es kommen.
Irgendetwas hat mir meine Träume genommen.

Auf schwarzweißen Feldern, nur vor und zurück.
Kann das die Erfüllung sein? Das große Glück?

Achtmal acht Felder, im Moment meine Welt
und ich kann nicht erwarten, dass der König fällt.

Verführung

Ein Leben voll Verführungen,
und heimlichen Berührungen,
unsittlich und unverschämt,
das Gewissen kurz gelähmt.

Ein jeder kennt die Lust auf Süßes,
eingepackt in Glanzpapier.
Für unsereins das rote Tuch,
sind wir der wild gewordene Stier.

Angelockt und schnell vernascht,
den Blick auf nackte Haut erhascht.
Die Finger schneller als das Hirn,
steht "Haben will!" auf unsrer Stirn.

Wer sündig in die Hölle zieht,
und immer weiter abwärts steigt,
der sollte vorbereitet sein,
wenn sich der Tag dem Abend neigt.

Auf der Lauer muss man liegen,
um die Verführung zu besiegen.
Ich verrate euch den Trick,
springt diesem Teufel ins Genick.

Versteht ihr, was ich sagen will?
Erkennt ihr auch die kleine List?
Das man auf Teufelsschultern sitzend,
dem Himmel ein Stück näher ist.

Beiß mich

Liebe kann wehtun, genau wie die Lust.
Sag was du willst!
Sag mir nicht, was du tust!

Verbind mir die Augen und erzähle mir Lügen.
Dein Körper bei mir,
deine Gedanken betrügen.

Deine Nägel sind scharf, wie Rasiermesserklingen.
Sie zerkratzen den Rücken, den deine Arme
umschlingen.

Ich höre dein Flüstern, spür dein Atmen am Hals.
Nur ein Teil dieser Worte dringt durch,
bestenfalls.

Deine Zähne sind spitz, deine Zunge ganz zart.
Ich zerfließe wie Wachs
und doch bin ich hart.

Deine Finger im Haar, packst du zu und bestimmst.
Ich warte gespannt,
welchen Weg du noch nimmst.

Ich weiß nicht was du willst,
doch was ich will, das weiß ich.
Ich schrei es heraus: "Worauf wartest du?
Beiß mich!"

Der 5. Traum

Ich träumte von der großen Show,
dann bin ich plötzlich aufgewacht.

Ich träumte von der großen Reise,
und ich erwachte in der Nacht.

Ich träumte hoch hinaus zu fliegen,
hab dann die Augen aufgemacht.

Ich träumte von der schönsten Welt,
du rüttelst mich, ich bin erwacht.

Ich träumte Schlimmes und schlief weiter,
ich hör nicht, wie der Sandmann lacht.

***

Zwei Seiten

Rosenduft,
Schimmelwand,

Hinterhof,
Märchenland.

Im siebten Himmel,
Erdgeschoss.

Drei Zimmer Wohnung,
Märchenschloss.

Total verliebt,
Herz aus Eis.

Weiß und schwarz,
schwarz und weiß.

© Sonja Greuling – Tambach b. Coburg

Niemand tut etwas

Niemand wurde schwer verletzt,
als eine Bombe explodierte.

Niemand sorgte mehr für Ruhe,
als sich ein Rüpel echauffierte.

Niemand hat ihn überlebt,
den Absturz eines Linienfluges.

Niemand war noch unversehrt,
nach der Entgleisung eines Zuges.

Niemand weiß, wo es jetzt steckt,
das wunderschöne Bernsteinzimmer.

Niemand hat es aufgehalten,
und doch, wurde es täglich schlimmer.

Niemand hat die Absicht,
eine Mauer zu errichten.

Niemand wird sich freuen,
auf sein Leben zu verzichten.

Ich glaube, es ist gar nicht schlimm!
Das ich nicht dieser „Niemand" bin.

Manchmal

Manchmal,
wenn die Welt zu hassen scheint,
was sie selbst einst gebar,
ist trotz des Chaos etwas,
das in Ordnung bleibt.

Manchmal,
wenn wir traurig sind, ist, trotz all des Trübsals in uns,
ein Funke der Hoffnung von außen,
der uns wieder entzündet.

Manchmal,
ist alles, was uns so sinnlos erscheint und ungerecht,
nach einem Wimpernschlag erkennbar hilfreich.

Manchmal,
wenn der Tag sich dem Ende neigt
und die Nacht scheinbar nicht enden will,
erblüht der erste Sonnenstrahl, unscheinbar.

Manchmal,
wenn wir die Hitze der Hölle an den Füßen spüren,
schickt der Himmel uns Regen,
damit wir nicht verbrennen.

Manchmal,
ist manchmal öfters, als man denkt.

Manchmal vergisst man das.

Schweigen

Etwas läuft falsch,
aus der Spur und entgleist.
Ich ahne es schon,
wenn du tobst oder schreist.

Ich hör deine Worte,
kalt und hart von der Zunge.
Bei jedem einzelnen Satz,
pumpst du Luft aus der Lunge.

Es ist Ebbe am Strand,
wo noch Flut sein sollte.
Dann fragst du mich noch,
was ich eigentlich wollte.

Du schaust zu mir,
ich dagegen ins Leere.
So viele Orte,
wo ich jetzt lieber wäre.

Du konfrontierst mich,
kämpfst, und dann greifst du an.
Fragst dich, wo bleibt die Gegenwehr?
Wann kommt sie, wann?

Verkrochen in mir,
die Schnecke im Haus.
Ich verriegle die Türen
und komme nicht raus.

Ich hör dich, von innen,
alle Fenster sind zu.
Ich versteh jedes Wort,
doch ich sag nichts dazu.

Ein Kampf ohne Waffen,
und doch gibt es Wunden.
Ich habe zu oft,
falsche Worte gefunden.

Stille ist gut,
kein Ton, nur mehr Schweigen.
Unausgesprochen -
sind die Worte des Feigen.

***

Elflein

Spiel die Melodie,
die uns alle berührt,
unser Herz bei der Hand nimmt
und auf den Tanzboden führt.

Deren Klang auch im Winter,
den Frühling beschwört.
Knospen treibt
und mit samtweichen Blüten verziert.

Der Takt, der bewegt
und die Knochen verjüngt.
Das ein jeder der Alten,
wieder Kind ist und springt.

Deren Töne uns locken,
wie Vogelgesang,
und dazu eine Stimme,
in glasklarem Klang.

Wir wollen treiben im Rhythmus,
eine kurze Zeit frei,
vor geschlossenen Augen,
ziehen die Noten vorbei.

Deine Worte sind Träume,
jede Strophe ein Leben,
jedes Lied ein Jahrhundert,
wie viel mehr kann es geben?

Du streichelst die Saiten,
fließend und zart,
der Takt hat sich längst,
mit dem Herzschlag gepaart.

Spiel die Melodie,
die uns alle berührt,
unser Herz bei der Hand nimmt
und auf den Tanzboden führt.

***

Was wäre wenn?

Was wäre, wenn man Liebe hasst?
Was wäre, wenn die Zeit gefriert?
Was wäre, wenn auch heute wieder
die Jungfrau uns ein Kind gebiert?

Was wäre, wenn die Worte sprechen?
Was wäre, wenn kein Regen fällt?
Was wäre, wenn ein Monolith,
sich still zu einem Andren stellt?

Was wäre, wenn Gedanken flüchten?
Was wäre, wenn ein Traum geschieht?
Was wäre, wenn ein Zug die Wagen,
ab heute schiebt und nicht mehr zieht?

Was wäre, wenn ein Rechter link ist?
Was wäre, wenn sich Dunkles lichtet?
Was wäre, wenn die Tagesschau,
uns nur noch freundliches berichtet?

Was wäre, wenn mal etwas wäre?
Was wäre, wenn es keiner sieht?
Was wäre, wenn genau das Eine,
das ich jetzt meine, dann geschieht?

Schwarz

Schwarz - die Pupillen deiner Augen.
Schwarz - wie die Krähenvögel sind.
Schwarz - wie die Tracht des Leichengräbers.
Schwarz - wie viele Nächte sind.

Schwarz - das Fehlen aller Farben.
Schwarz - das alles absorbiert.
Schwarz - wie frischer, heißer Teer.
Schwarz - wie Lack, frisch aufpoliert.

Schwarz - wie ein Rabe auf dem Dach.
Schwarz - wie die Kohlen vor der Glut.
Schwarz - wie der Schiefer und so scharf.
Schwarz - wie Charlie Chaplins Hut.

Schwarz - wie altes Dieselöl,
Schwarz - wie die Lok, die damit fährt.
Schwarz - wie die Welt am Meeresgrund.
Schwarz - wie das Yang, nein umgekehrt.

Schwarz - wie das Yin, bis auf den Kreis.
Schwarz - wie der Grund von mancher Seele.
Schwarz - wie ein Smoking und so edel.
Schwarz - wie die Peitsche, die ich wähle.

Schwarz - ist Kontrast zu allen Dingen.
Schwarz - ist schick zu jeder Zeit.
Schwarz - ist nicht böse, sondern ehrlich.
Schwarz - ist auch die Ewigkeit.

Zauberbruder

Bruder - zaubere für mich,
wie für den König, seinerzeit.
Bruder - sprich den Reim für mich,
befreie mich von meinem Leid.

Bruder - nein das kann ich nicht,
auch wenn wir tief im Herz verbunden.
Bruder - ich will ehrlich sein,
es war ein Trick und nur erfunden.

Schwester - misch mir einen Trunk,
wie einst auch für die Königin.
Schwester - bitte tu´s für mich,
gib meinem Leben einen Sinn.

Bruder - nein das kann ich nicht,
auch wenn du mir der Liebste bist.
Bruder - ich will ehrlich sein,
den mein Gebräu war eine List.

So habt ihr beide nur gespielt?
Und nichts davon ist wahr gewesen?
Ich kann nicht glauben, was ihr sprecht,
lasst mich doch eure Verse lesen.

Er sprach: „Ein Sandkorn fand ein Zweites
und dann noch viele andre mehr,
immer größer ward der Klumpen,
wie zwei Menschen, gar so schwer."

Drum formt sich aus dem Sand ein Paar,
und die Gesichter blicken flehend,
versteinert noch zur gleichen Zeit,
auf ewig hier zusammen stehend.

Er blickt nun auf mit einem Lächeln,
in seinen Augen blitzt die List.
Seine Geschwister sind gefangen,
weil er der wahre Magier ist.

***

Der Tod des Jünglings

Tausend Tage zog der Knabe,
in das Land der tausend Sonnen.
Was er auf diesen Wegen fand,
daraus ward ein Reim gesponnen.

Alles was ihr nun erfahrt,
hat er erlebt, am eignen Leib.
Alles nur, um zu gewinnen,
das Herz von einem holden Weib.

Donner am Himmel und am Boden,
im Sturm ritt er, gar zwischen Blitzen.
Die Hufe schlugen auf den Weg
und ließen Regenwasser spritzen.

Sein Umhang wehte, fast sah es aus,
als flöge er, durch dunkle Wälder.
Selbst alle Ähren bogen sich,
bei seinem Ritt, entlang der Felder.

Er nur kannte jenen Ort,
an dem er meinte, das zu finden,
was seine Holde gütig stimme,
sich lebenslang an ihn zu binden.

So ritt er, bis die letzte Kraft,
aus seinem treuen Hengst gewichen.
Er war am Ziel, es war geschafft,
doch längst der Lohn nicht eingestrichen.

Sein Pferd, jetzt tot, ein kleines Opfer,
doch er hatte, was er wollte.
Zu Fuß musste er wieder heim,
als abermals der Donner grollte.

Ein Blitz schlug ein, ein Baum zerbarst,
und schlug ihn, aber nicht zum Ritter.
Unter Schmerzen, unter Qualen,
starb er bei Regen und Gewitter.

Weil er nie die Holde fragte,
ob sie die seine werden wollte,
hatte er nicht damit gerechnet,
dass er doch gar nichts holen sollte.

Sie hätte immer "Ja" gesagt,
selbst wenn er leere Hände hätte.
Zu spät ist's nun, der Knabe tot,
sie weint an seiner Ruhestätte.

Märchenprinz

Sie küsst ihn gerne, jederzeit.
Er ist die Liebe, die sie suchte.
Er ist ihr sicheres Geleit,
nachdem sie hunderte verfluchte.

Was sie auch immer gerne hätte,
er liest es ab, aus ihren Augen.
Liegt neben ihr, im warmen Bette,
fängt an, an ihrer Haut zu saugen.

Er ist der Held in der Geschichte,
der Drachentöter und der Sieger.
Er strahlt in farbenfrohem Lichte
und ist der Regenbogenbieger.

Doch lang ist's her, es war einmal.
Jetzt fragt sie sich, wenn sie ihn küsst,
wann aus dem Prinz - verdammt noch mal -
der blöde Frosch geworden ist?

© Sonja Greuling

Spielmannslied

Der Spielmann kommt in eure Stadt,
drum eilt herbei, in großen Scharen.
So hört, was er zu singen hat.
Ihr werdet vieles heut erfahren.

Manch Geschichte aus der Ferne,
wird er für euch fröhlich singen.
Er macht es wahrlich nur zu gerne,
und liebt es, Schaudern euch zu bringen.

Nun stimmt er an, die ersten Töne,
von einem Lied das nie vergessen.
Hört ihr Töchter und auch Söhne,
er singt, als wäre er besessen.

In vielen Stimmen klingt sein Wort
und doch singt er es ganz alleine.
Seht was geschieht an diesem Ort,
sein Schatten tanzt im Feuerscheine.

Er hat euch schon in Trance gesungen,
euch verzaubert, unbemerkt,
erst habt ihr mit euch selbst gerungen,
nun seht, was ihr sonst gut verbergt.

Er bringt ans Licht, was dunkel lag,
in euch verschlossen all zu tief.
Er ruft es mit dem Paukenschlag,
dass Böse hörte, als er es rief.

Lasst euch fallen, wehrt euch nicht,
er nimmt es mit auf seine Reisen.
Mal ist es jung, sein Angesicht
und gleichsam jenes eines Greisen.

Er wandelt sich von Lied zu Lied,
wirkt fremd und dennoch fast vertraut.
Weil jeder etwas andres sieht,
sein schwarzes Haar ist fast ergraut.

Und mit dem letzten Klang der Laute,
zieht er nun weiter auf dem Pfad,
auf dem er nie nach hinten schaute,
und auf der Nabe dreht das Rad.

Er ist ein Märchen, Traum und Gabe,
er ist Erlöser und das Leben.
Sein Rad dreht weiter auf der Nabe,
Gerüchte wird es immer geben.

Bewaffnet

Der Schmied schwingt eifrig seinen Hammer,
bannt seine Wut im Eisenwerk,
unter glühend, roten Funken,
wird jeder Schlag zum Feuerwerk.

Zurück zur Glut und neuer Hitze,
noch ist der Rohling ohne Form.
Hellrot glüht nun das ganze Stück,
und widersetzt sich aller Norm.

Nochmal fallen die starken Schläge
und der Amboss hält dagegen.
Unter der Haut des Schmiedearmes,
sieht man Muskeln sich bewegen.

Von der Form des Meisterwerkes,
gebiert der Hammer, mehr und mehr.
Das Metallstück stets gefügig,
ergibt sich ohne Gegenwehr.

Viele, viele Stunden später,
lacht der Schmied, im Schein des Feuers,
in seiner Hand und hoch erhoben,
der Untergang des Ungeheuers.

Die Klinge blitzt im Schein des Mondes,
in dieser Nacht ward es vollbracht.
Das Schwert der Schwerter ist geboren,
bald wird der Lindwurm umgebracht.

A, B, C...

Anfang, alles, Apathie,
Blöße, bitter, Blasphemie,
Chaos, Christus, chancenlos,
dunkel, Demenz, Dauerlos,
einsam, ewig, Egoisten,
Frieden, Freiheit, Fetischisten,
grausam, geizig, Garantie,
herzlos, heilig, Harmonie,
immer, Ichmensch, Irrgesang,
Jäger, Jubel, jahrelang,
knistern, Kälte, kategorisch,
leblos, Langeweile, logisch,
manchmal, meistens, Mummenschanz,
niemals, nirgends, Nebeltanz,
oftmals, Oberst, Oligarch,
pervers, planlos, Patriarch,
Qualen, Quoten, Quintessenz,
rastlos, ratsam, Reagenz,
stillos, Sterben, Startfreigabe,
Trauer, Trubel, Trostzulage,
unrein, Unsinn, Urgestein,
viel, Verlust, von vornherein,
willig, wahllos, widerspenstig,
x-mal, XL, x-beliebig,
Yoga, Yucca, Yggdrasil,
Zugang, zwischenzeitlich, Ziel

Feindland

Schwarz ist die Waffe meiner Wahl
und federleicht, der spitze Stahl.
Weiß ist der Feind den ich bezwinge.
Wann immer ich um Worte ringe.

Stück um Stück gilt einzunehmen,
das alte Land, mit neuen Themen.
Ich schick die Reihen in die Schlacht.
So manche hab ich umgebracht.

Doch rekrutierte ich Ersatz.
Besetzte auch den kleinsten Platz.
Immer größer wird das Reich.
Ihr rätselt noch? Ihr wisst es gleich.

Mein Wille ist so stark wie nie.
Verbinde dich, oh Kompanie!
Große, Kleine, alles gleich.
In diesem, meinem Königreich.

Schwarz ist die Tinte jeder Zeile,
die ich mit Federstahl verteile.
Mein Feind und das verrat ich hier,
ist nur ein weißes Blatt Papier.

Grenzenlos (Epilog)

Wir sind wieder in unserem Heimathafen angekommen. Ich habe meinen „Feind" besiegt und dabei hoffentlich die richtigen Worte für Sie, liebe Weggefährten, gefunden. Ich hoffe, Ihnen haben die abwechslungsreichen und bunt gemischten Ausblicke im letzten Teil gefallen. Insgesamt würde ich mir wünschen, dass jeder von Ihnen einen Platz gefunden hat, um den Anker zu werfen und zu verweilen. Einen Platz mit dem Sie sich identifizieren können und sei es auch nur in Ihren Träumen.

Vielleicht konnte ich Ihnen ja auch an der einen oder anderen Stelle ein Schmunzeln entlocken. Es war bestimmt nicht unsere letzte Reise und natürlich werden Sie es erfahren, wenn die Zeit für einen neuen Ausflug gekommen ist.

Abschließend möchte ich Ihnen noch ein paar Informationen zu einigen Gedichten zukommen lassen.

Wie schon in der Überleitung zu Kapitel 2 erwähnt, ist der Text „Attraktion Mensch" nach einem Erlebnis am New Yorker Times Square entstanden. Es hat mich fasziniert, mitten in der Stadt auf einer Tribüne zu sitzen, von der aus Menschen andere Menschen beobachtet haben. Popcorn essend und Cola trinkend hat man zugesehen, wie es in einem Souvenirladen brannte. Reality Liveshow vom Feinsten und normale Bürger und Touristen die Darsteller wider Willen.

Das Gedicht „Coburg" ist natürlich meiner Heimatstadt gewidmet. Die ersten Buchstaben bilden, von oben nach unten gelesen, das Kennzeichenkürzel CO, gefolgt vom Stadtslogan „Werte und Wandel".

Die Gedichte „Wassergöttin", „Faun" und „Taufstein", sprechen zwar auch alleine für sich, sind aber Teil einer Gedichte-Reihe zum Steinlegendenweg im Landkreis Coburg. Entlang des Wanderwegs sind Skulpturen des Künstlers Peter Plentz aufgestellt und zu drei der Figuren, sind die oben genannten Gedichte entstanden.

Viele Inspirationen habe ich auch bei einem Kurzurlaub auf Helgoland sammeln dürfen. Aus ihnen sind das gleichnamige Gedicht „Helgoland" und die Werke „Leuchtturmgeist", „Gezeitenspiel", „Seelisch" und „Fundstück" entstanden.

Nun, liebe Leserinnen, Leser und Weggefährten
habe ich nichts mehr zu sagen bzw. zu schreiben.

Ich möchte mich nur noch bei Ihnen bedanken, dass Sie mich wieder begleitet haben. Passen Sie auf sich auf, lassen Sie es sich gutgehen und bleiben Sie mir treu.

Ihr Florian Greuling

© Sonja Greuling

Danksagungen

An dieser Stelle, möchte ich allen danken, die mich in irgendeiner Form unterstützt haben.

Ein besonderer Dank geht an Jasmin Schindler. Danke für deine ehrliche Meinung und dafür, dass du die neuen Texte Probegelesen oder geduldig angehört hast.

Vielen Dank an Silvia und ihren Kater Diego. Durch ihn ist „Katzenblicke" zustande gekommen.

Dankeschön an Peter Plentz, dessen Figuren am Steinlegendenweg eine Inspiration waren.

Vielen Dank an Sandra Elflein und ihre Band Faey. Das Konzert hat mich inspiriert und den letzten Schub geliefert, um das neue Buch fertigzustellen.

Vielen Dank auch wieder an meine Eltern Sonja und Klaus für die Unterstützung und für die Bilder, die meine Mutter mir zur Verfügung gestellt hat.

Großer Dank auch wieder an meine liebe Mandy Waldau, für das Lektorieren. Auch hier gilt wie im ersten Band, wer noch Fehler findet, darf sie behalten.

INHALTSVERZEICHNIS

Bereits bei BoD erschienen,
der erste Teil von „Lyrik auf Abwegen…"

LYRIK auf
Abwegen…

Florian Greuling

Eine Wanderung mit Gedichten, Texten
und Gedanken

Über den Autor

1979 geboren und aufgewachsen in Coburg, Oberfranken, ist er seit Mitte der 90er Jahre Hobbyautor.

Immer kreativ, hat er im Schreiben von lyrischen Texten einen Weg gefunden, dieser Kreativität Ausdruck zu verleihen.

Auf genau diese Weise verarbeitet er sowohl persönliche Erlebnisse, also auch alltägliches, wundersames und auch Themen aus Phantasie und Traumwelten.

2012 ist dann sein erster Gedichtband „Lyrik auf Abwegen…" erschienen, der nun in diesem Band seine Fortsetzung findet.

Mehr Informationen finden Sie auf der Homepage unter: www.atcody.com